JN423051

세계를 보는 눈을 길러주는

세계 문화 탐험 프로그램

세계사 여행

8

근대 – 국민 국가의 형성

역사 전문 프로그램

감돌역사교실

세계사 여행

〈8호 수업안내문 | 근대 – 국민 국가의 형성〉

제목	학습목표	학습내용
1차시 유럽 문화권	· 프랑스 시민들이 절대왕정을 무너뜨리고 혁명을 일으킨 이유를 이해한다. · 영국의 산업 혁명이 다른 나라를 식민지로 만드는 계기가 된 이유를 이해한다.	01 왕의 절대 권력 02 미국의 탄생 03 프랑스 혁명 04 기계의 발명이 낳은 제국주의
2차시 이슬람 문화권	· 이슬람 문화권인 오스만 제국과 이집트의 근대적 개혁을 이해한다. · 유럽 제국주의의 침략을 받은 이슬람 문화권의 변화된 모습을 이해한다.	01 오스만 제국의 근대 개혁, 탄지마트 02 이슬람교 전통 회복 – 와하브 운동 03 이집트의 반식민지 – 수에즈 운하 04 아프리카의 수난 – 노예무역
3차시 인도 · 동남아시아 문화권	· 인도와 동남아시아가 유럽 제국주의 침략으로 식민지가 되는 과정을 이해한다. · 유럽 제국주의의 침략으로 세계사에 등장한 오세아니아의 모습을 이해한다.	01 영국의 침략 – 영국 동인도 회사 02 인도의 반격 – 세포이 항쟁 03 동남아시아 분할 04 오세아니아 분할
4차시 중국 · 동아시아 문화권	· 중국이 유럽 제국주의 국가들의 침략으로 몰락해 가는 과정을 이해한다. · 한국과 일본이 서로 다른 근대화의 길을 걷게 되는 과정을 이해한다.	01 중국의 아편 전쟁 02 중국의 민족 운동 03 일본 근대 국가 성립 04 조선 근대화의 길

이 달에 배우는 세계사 연표

1710	베르사유 궁전 완성
1757	플라시 전투
1765	와트, 증기 기관
1776	미국, 독립 선언
1789	프랑스 혁명
1839	오스만 제국, 탄지마트 개혁
1840	청, 아편 전쟁
1853	일본, 페리 함대 통상 요구
1858	무굴 제국 멸망
1863	조선, 고종 즉위
1868	일본, 메이지 유신
1869	수에즈 운하 개통
1876	조선, 강화도 조약
1877	영국령 인도 제국 성립

1 유럽 문화권

학습목표

- 프랑스 시민들이 절대왕정을 무너뜨리고 혁명을 일으킨 이유를 이해한다.
- 영국의 산업 혁명이 다른 나라를 식민지로 만드는 계기가 된 이유를 이해한다.

학습내용

01 왕의 절대 권력

02 미국의 탄생

03 프랑스 혁명

04 기계의 발명이 낳은 제국주의

공부하고 지도에 표시하기

01 왕의 절대 권력

세계사 여행

16~18세기 유럽은 강력한 힘들을 가진 왕들이 다스렸습니다. 프랑스 태양왕 루이 14세를 통해 당시 왕의 권력이 얼마나 강했는지 알아봅시다.

루이 14세 짐이 곧 국가다

중세의 유럽 왕들은 크리스트교의 절대적 힘에 기를 펴지 못하는 나약한 지배자였다. 하지만 신항로 개척으로 무역 활동이 활발해지면서 유럽 상인들이 자신들을 보호해 줄 존재로 왕을 지원했고, 이때부터 강력한 힘을 가진 왕들이 나타나기 시작했다.

프랑스 왕 루이 14세는 1643년 여섯 살 때 왕위에 올라 1715년 죽을 때까지 유럽에서 오랫동안 가장 강력한 힘을 가진 왕이었다. 어린 루이 14세는 귀족들의 반란으로 도망치는 수모를 겪으면서 귀족들의 힘을 누르고 강력한 힘을 가진 왕이 돼야겠다고 결심했다.

루이 14세는 23세 때 귀족들에게 이렇게 선언했다.

"앞으로 나라의 모든 일은 내가 결정할 것이다."

발레를 좋아했던 루이 14세는 황금빛이 나는 '태양'으로 온몸을 분장하고 루브르 궁정 앞 무대에서 우아한 춤을 추었다. 백성들은 화려하게 빛나는 왕과 왕에게 고개 숙이는 귀족들을 보고 루이 14세를 '태양왕'이라 부르기 시작했다. 귀족들은 발레를 좋아하고 몸이 약한 루이 14세가 정치에 곧 싫증낼 것이라고 생각했지만 오히려 화려한 파티와 공연으로 귀족들을 꼼짝못하게 했다. 루이 14세는 귀족들의 힘을 약화시키기 위해 사소한 나랏일까지 직접 처리하고 왕을 위한 군대를 길러 프랑스를 유럽 최강국으로 만들었다.

춤추는 루이 14세
(재위 1643~1715)

루이 14세 베르사유 궁전

"파리 외곽 사냥터를 유럽 최고의 궁전으로 다시 지을 것이다."

루이 14세의 명령으로 당시 최고 예술가들이 모여 도시 하나와 맞먹는 크기의 베르사유 궁전을 완공했다. 벽은 황금으로, 천장은 크리스탈 샹들리에로 장식해 으리으리 번쩍번쩍, 2300개나 되는 방마다 화려한 그림들이 가득했다. 루이 14세는 자신을 그리스 · 로마 시대의 신으로 묘사하기 좋아해서 신화와 관련된 장식물을 곳곳에 배치했다. 베르사유 궁전은 왕의 권위를 과시하려는 목적 외에도 귀족들을 궁 안으로 끌여들여 그 안에서 사치와 오락을 제공하고 그들의 일거수 일투족을 감시하며 귀족의 권력을 약화시키기 위한 목적도 있었다. 베르사유 궁전은 그 사치스러움에 비난받았지만, 후대에는 프랑스의 자존심을 높이는 문화유산이 되었다.

1 16~18세기 유럽에서 왕의 힘이 강해질 수 있었던 이유는 무엇인가요?

중세 시대 — 교황 〉 왕

신항로 개척 — 교황 〈 왕

2 프랑스 절대 권력의 상징 루이 14세를 왜 태양왕이라고 부르나요?

화려하게 빛나는 왕

왕에게 고개 숙이는 귀족들

루이 14세 ▶

3 루이 14세 시기에 바로크 양식이 나타났습니다. 다음 베르사유 궁전에서 바로크 양식의 특징을 찾아보세요.

> 절대 왕정 시기 베르사유 궁전을 중심으로 바로크 양식이 발달하기 시작했다. 바로크 양식은 신항로 개척 이후 새롭게 알게 된 거대한 세계를 반영하여 그 규모가 웅장해지고, 높아진 왕의 권위를 과시하기 위해 화려해졌다. 화려함을 더욱 높이기 위하여 곡선을 많이 사용하고 장식물이 훨씬 많아졌다.

규모

화려함

곡선

장식물

베르사유 궁전 조감도

베르사유 궁전 앙벨로프

거울의 방

궁전의 방

02 미국의 탄생

신항로 개척 이후 북아메리카로 떠난 영국인들이 영국의 식민지에서 벗어나 새로운 나라 미국을 만드는 과정을 알아봅시다.

● 북아메리카 식민지의 반란 보스턴 차 사건

콜럼버스가 아메리카 대륙을 발견한 후 영국인들은 새로운 삶을 찾아 아메리카로 많이 건너갔다. 이들은 1620년부터 본격적으로 아메리카에 정착해 살기 시작하면서 1770년대 북아메리카 동부 해안에는 북아메리카 원주민들을 내쫓고 그 자리에 13개의 영국 식민지를 만들었다.

1773년 12월 16일 북아메리카 보스턴 항구에서 큰 소동이 벌어졌다.

"영국이 식민지에 강제로 차를 파는 법을 만들었어! 이미 산더미같이 영국 차를 샀는데 세금까지 내면서 또 차를 사야 하다니 정말 너무하는군."

"영국 배 안에 있는 차를 모두 바다에 버리자!"

화가 난 식민지 사람들은 보스턴 항구에 있던 영국 배에 올라타 324개의 차 상자를 모두 바다에 던져 버렸다. 영국은 급히 군대를 파견해 이들을 진압했으나 아메리카 식민지 사람들은 조지 워싱턴을 총사령관으로 삼고 영국과 싸우기로 결정했다. 조지 워싱턴과 각지에서 급하게 모인 군인들은 잘 훈련된 영국군을 상대로 힘겨운 전투를 벌였다.

보스턴 항구

1776년 7월 4일 조지 워싱턴과 식민지 지도자들은 〈독립 선언서〉를 낭독하고 영국으로부터 미국의 독립을 선포했다.

"모든 인간은 평등하게 태어났고 생명, 자유, 행복 추구의 권리를 비롯한 누구에게도 절대 빼앗길 수 없는 권리를 부여받았다."

이 〈독립 선언서〉는 이주민들이 주인이 되는 새로운 나라를 세우자고 주장했다. 〈독립 선언서〉를 통해 독립의 중요성을 깨달은 식민지 사람들은 10년 동안의 독립 전쟁 끝에 1783년 영국군을 완전히 물리치고 독립을 인정받았다. 1789년 조지 워싱턴은 아메리카 합중국, 미국의 초대 대통령이 되었고, 미국의 독립 정신은 주변 국가로 퍼져 나가기 시작했다.

조지 워싱턴

>> 1 아메리카 대륙을 발견한 사람은 누구인가요? 북아메리카 대륙에 살고 있던 사람들을 무엇이라 부르나요? 이들은 어떻게 되었나요?

2 영국이 북아메리카에 세운 13개 식민지에 대해 알아봅시다.

1 영국 사람들은 북아메리카로 올 때 어느 바다를 건너왔나요?

2 영국인들이 자리잡은 곳과 영국 이주민들에게 쫓겨난 아메리카 원주민들이 자리잡은 땅을 지도에서 찾아보세요.

3 다음은 '보스턴 차 사건' 기념 우표입니다. 우표 속 장면을 설명하고 미국이 왜 보스턴 차 사건을 기념하는지 그 이유를 써 보세요.

장면 :

기념 이유 :

3 영국과 북아메리카 영국 식민지 사이에 일어났던 독립 전쟁의 결과 탄생한 나라를 살펴봅시다.

① 이름 : (   )
② 수도 : (   )
③ 면적 : 9,826,675㎢
④ 인구 : 약 31,600만 명
⑤ 종교 : 개신교 (52%)

지도에서 나라 이름과 수도를 찾아보세요.

국기에서 13개 식민지를 찾아보세요.

03 프랑스 혁명

프랑스 시민들이 왕을 죽이고 중세부터 이어져 오던 신분 타파를 주장하며 외친 자유, 평등, 박애의 의미를 알아봅시다.

• 자유, 평등, 박애 바스티유 감옥을 습격하다!

바스티유 감옥 습격

프랑스 왕실은 루이 14세 때부터 이어진 사치스런 생활과 미국 독립 전쟁 지원으로 국고가 텅 비어 버렸다. 다급해진 루이 16세는 성직자, 귀족, 평민 대표를 불러 대책 회의를 했지만 실제로 세금을 내는 평민 대표의 의견은 무시하고 군대를 불러 평민들의 의회를 탄압했다.

"왕은 우리가 내는 세금으로 매일 파티를 여는데, 우리가 빵이 없어 굶어 죽거나 거지 생활을 하는 걸 알고나 있는 걸까?"

"난 미국 독립 전쟁 때 프랑스군으로 참가했어. 우리도 미국처럼 시민들이 자유롭게 사는 나라를 만들자고! 더 이상 왕을 위해 살 필요가 없다고."

"우리가 낸 세금으로 살면서 군대를 불러 우리 의회를 탄압하다니 ! 바스티유 감옥으로 갑시다! 거기엔 무기가 있어요! 무기를 들고 우리 의회를 지킵시다!"

1789년 7월 14일 화가 난 파리 시민들은 왕의 절대 권력과 자유를 억압하는 상징인 바스티유 감옥을 점령하고 8월 26일 〈인권 선언〉을 낭독했다.

"인간은 자유롭고 평등한 권리를 지니고 태어나서 살아간다. 모든 주권은 본질적으로 국민에게 있다."

평민들은 〈인권 선언〉을 통해 자신들의 자유와 권리를 밝혔지만 루이 16세와 마리 앙투아네트 왕비는 베르사유 궁전에서 파티와 사치스런 생활을 계속했다. 분노한 시민들은 왕궁으로 쳐들어가 루이 16세를 체포해 1793년 1월 21일 단두대에서 처형했다. 이제 프랑스는 왕이 통치하는 왕국이 아니라 국민들이 투표로 뽑은 지도자가 다스리는 공화국이 되었다.

>> 1 절대 권력으로 프랑스를 유럽 강대국으로 만들고 베르사유 궁전을 지은 왕은 누구인가요 ?

2 다음 그림에서 성직자, 귀족, 평민을 찾고 어떤 장면인지 설명해 보세요.

세 신분 중 세금을 내는 신분은?

루이 16세가 세 신분의 대표를 부른 이유는?

3 다음 두 그림 속 인물을 소개하고 파리 시민들이 바스티유 감옥을 습격한 이유를 설명해 보세요.

마리 앙투아네트

사는 곳

생활모습

프랑스 평민

무엇을 들고 있나요?

화가 난 이유는 무엇일까요?

4 프랑스 시민들이 외친 자유, 평등, 박애의 의미를 찾아 연결해 보세요.

自由 (스스로 자, 따를 유) •

平等 (평평할 평, 등급 등) •

博愛 (넓을 박, 사랑 애) •

자유, 평등, 박애를
상징하는 프랑스 국기

• 나는 왕의 지배에서 벗어나겠어. 나의 주인은 나야!

• 신분은 없어져야 해. 모두가 똑같은 인간이야!

• 인종, 국가, 종교를 뛰어넘어 모든 인간을 사랑해야 해!

04 기계의 발명이 낳은 제국주의

영국에서 시작된 기계의 발명은 세상을 바꾸고 프랑스 시민 혁명과 더불어 근대 시민 사회를 열었지만 다른 나라를 침략하는 계기를 마련했습니다.

1 18세기 영국의 모습을 살펴봅시다.

영국 국기

18세기 우리나라는 프랑스처럼 소란스럽지 않았어. 우린 정치와 사회를 안정시키고 일찍부터 세계 곳곳에 식민지 시장을 만들어 경제에 온 힘을 쏟았지. 세계적인 인기 상품인 값싸고 질 좋은 면 옷을 만드느라 우리나라 사람들은 공장에서 쉴 틈 없이 일했지. 어떻게 하면 더 빨리 면 옷을 만들 수 있을까 고민하다가 우리나라에 풍부한 철과 석탄 자원을 이용해 세계 최초로 기계를 만들었단다.

1 다음 낱말 중 18세기 영국을 설명할 수 있는 낱말을 골라 보세요.

정치 안정 식민지 시장 공장 절대 권력 시민 혁명 독립 석탄

2 영국의 가장 인기 상품인 면 옷은 기계가 발명되기 전과 발명된 후 각각 어떠한 방식으로 만들었는지 설명해 보세요.

기계 발명 전

기계 발명 후

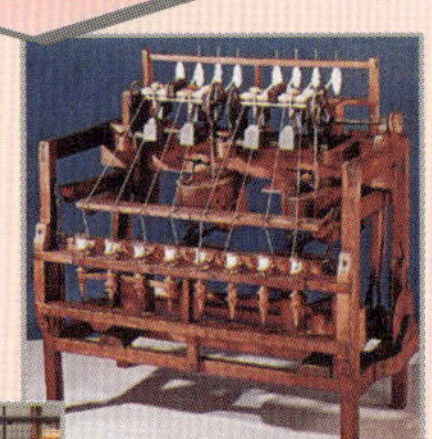

>> 2 기계를 이용한 물건 생산에 날개를 달아준 와트의 증기 기관을 살펴봅시다.

난 영국 스코틀랜드의 기술자 제임스 와트야. 사람들은 기계를 사용해 물건을 만드는 시간을 단축했지만 석탄을 많이 사용하는 단점이 있었어. 난 물 주전자가 끓는 모습을 보고 작은 물방울인 증기가 모이면 주전자 뚜껑을 들어 올릴 정도로 큰 힘을 발휘한다는 사실을 깨달았지. 내가 발명한 증기로 움직이는 기계는 석탄 사용량도 적게 들고 더 빨리, 더 오래 사용할 수 있어 많은 물건을 생산해 낼 수 있었단다.

제임스 와트

1 영국에서 처음 만들어진 기계의 단점은 무엇인가요?

2 와트가 만든 기계는 어떤 힘을 이용해 움직이나요?

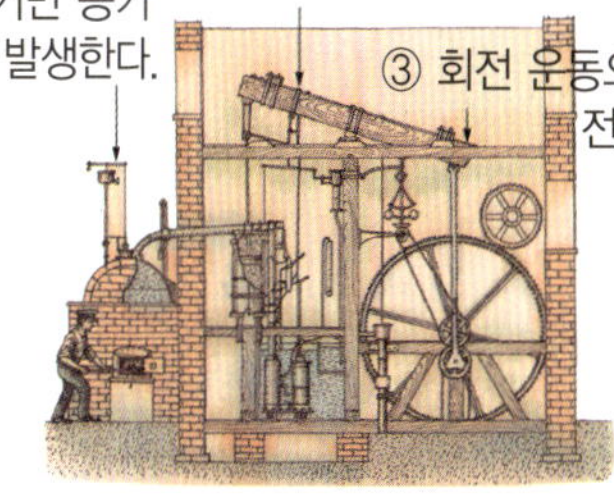

>> 3 영국에서 시작된 기계의 발명이 세계에 어떤 영향을 미쳤는지 살펴봅시다.

1 다음 두 그림을 보고 기계의 발명 이후 일어난 경제 생활의 변화를 설명해 보세요.

2 기계의 발명은 전 세계에 새로운 변화를 가져왔습니다. ㉠의 결과 아시아와 아프리카는 어떻게 되었을까요?

영국에서 발명된 기계는 유럽과 미국으로 퍼져 나갔다. 유럽은 넘쳐나는 물건을 팔기 위해 아시아와 아프리카로 가 총과 대포로 위협해 강제로 물건을 사도록 했다.

㉠"무역만으로는 부족해. 정치와 경제를 모두 지배하는 것이 훨씬 더 이득이야!"

유럽 국가들은 아시아와 아프리카 국가들을 두고 서로 경쟁이 붙어 전쟁을 벌였고, 아시아와 아프리카는 유럽의 식민지로 전락했다.

산업 혁명 : 기계 발명으로 수공업적인 작업장이 큰 공장으로 전환되고, 이에 따라 사회 구조가 근본적으로 변화하는 일. 1760년에 영국에서 방적 기계 발명으로 시작되어 1830년에 걸쳐 유럽 여러 나라에 파급되었음.

역사 상상력 업

제국주의의 시작

다음은 유럽 제국주의 국가를 풍자한 그림입니다. 지도에서 포르투갈, 에스파냐, 프랑스, 영국을 찾고 왜 이렇게 그렸는지 상상해 보세요.

제국주의를 풍자한 그림

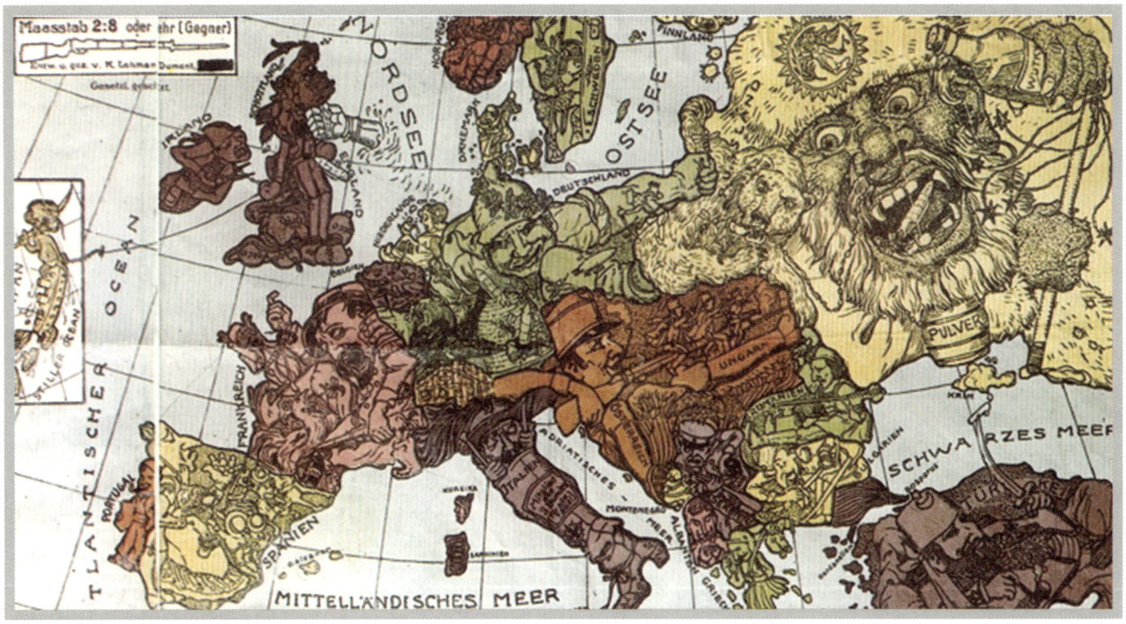

제국주의(帝-임금 제, 國-나라 국, 主-주인 주, 義-뜻 의) : 산업 혁명 이후 자본주의가 완성됨에 따라 강대국들이 자국의 이익을 극대화하기 위해 다른 지역의 국가들을 침략하여 식민지로 만들던 활동이나 경향

포르투갈 :

에스파냐 :

프랑스 :

영국 :

2 이슬람 문화권

학습목표

- 이슬람 문화권인 오스만 제국과 이집트의 근대적 개혁을 이해한다.
- 유럽 제국주의의 침략을 받은 이슬람 문화권의 변화된 모습을 이해한다.

학습내용

01 오스만 제국의 근대 개혁, 탄지마트
02 이슬람교 전통 회복 – 와하브 운동
03 이집트의 반식민지 – 수에즈 운하
04 아프리카의 수난 – 노예무역

공부하고 스스로 표시하기

01 오스만 제국의 근대 개혁, 탄지마트

세계사 여행

18세기 오스만 제국은 유럽의 침입으로 동서무역과 이슬람 세계 지배권을 잃어 가자 유럽 문물을 적극적으로 수용하는 개혁을 실시했습니다.

• 탄지마트 이슬람 옷을 벗고 새로운 유럽 옷을 입어라!

압둘 마지드 1세

이슬람 제국은 아시아, 유럽, 아프리카에 걸친 대제국이었으나 1592년 유럽의 신항로 개척으로 동서무역 중심지 지위를 잃고, 산업혁명 이후에는 정치 · 군사 · 경제적으로 완전히 유럽 국가들에 뒤처졌다. 이러한 상황에서 1839년 17세의 압둘 마지드 1세가 오스만 제국의 31대 술탄이 되었다.

압둘 마지드 1세는 어려서부터 유럽식 교육을 받아 유럽 문학과 음악에 관심이 많았고 프랑스어를 유창하게 했다.

'과거 대제국의 영광은 사라지고 이제 힘 없는 나라가 되었구나. 유럽의 정치, 경제를 배우는 것만이 살길이다.'

먼저 종교 차별을 없애 오스만 제국의 힘을 모아야 한다고 생각한 압둘 마지드 1세는 다음과 같은 명령을 내렸다.

"모든 국민의 생명과 재산, 종교, 평등을 보장하고 세금도 공평하게 걷는다."

압둘 마지드 1세는 이슬람 사원 부속 학교에서 벗어나 유럽의 학교 제도를 도입하고 이슬람 종교법이 아닌 프랑스 근대 법을 수용해 법원에서 판결하도록 했다. 옷차림도 이슬람식 복장과 터번을 금지하고 유럽식 복장과 '페즈' 라는 모자를 쓰도록 했으며, 군인들한테까지 전통 군복 대신 유럽식 군복을 입게 했다. 술탄은 톱카프 궁전을 떠나 새로 지은 유럽식 돌마바흐체 궁전에서 살았다. 압둘 마지드 1세가 시작한 유럽과 같은 근대 국가를 만들기 위한 개혁(터키어 '탄지마트')은 그가 세상을 떠난 뒤에도 계속되었다.

» 1 이슬람 제국이 유럽 국가들한테 뒤처지는 계기가 된 두 사건은 무엇인가요?

\+

» 2 오스만 제국의 술탄 압둘 마지드 1세의 개혁(탄지마트)을 살펴봅시다.

1 압둘 마지드 1세가 시행한 개혁 내용을 써 보세요.

교육	이슬람 사원 부속 학교 →	
법	이슬람 종교 법 →	
의복	전통의복과 터번 →	

2 다음 그림에서 오스만 제국의 전통 모습과 비교해 새롭게 변한 근대 모습들을 찾아보세요.

유럽 바로크식 궁전　상들리에　페즈　유럽식 군복　총

톱카프 궁전 정문

톱카프 궁전 하렘 술탄의 어머니 방

전통 군인

돌마바흐체 궁전

돌마바흐체 후궁들의 응접실

근대식 군인

» 3 압둘 마지드 1세의 개혁(탄지마트) 결과를 지도를 통해 살펴봅시다.

1 오스만 제국의 최대 영역을 지도에 표시해 보세요.

2 압둘 마지드 1세의 개혁 이후 오스만 제국의 영역을 표시해 보세요.

02 이슬람교 전통 회복 - 와하브 운동

세계사 여행

오스만 제국의 지배를 받던 아라비아 반도의 이슬람 세력들은 오스만 제국의 힘이 약해지자 활발한 독립 운동을 벌였습니다.

● 와하브의 외침 이슬람교 본래의 모습으로 돌아가자!

아라비아 반도는 이슬람교가 탄생한 곳이지만 이슬람 중심지 지위를 잃고 오스만 제국의 지배를 받았다. 하지만 18세기 오스만 제국의 힘이 약해지자 아라비아 반도의 신학자 와하브는 메디나, 이란 등을 여행하며 이슬람 사회가 유럽에 뒤처진 원인을 생각했다.

"오스만 제국의 지배를 받으면서 이슬람교는 변해 버렸어. 무함마드가 이슬람교를 창시했던 그 시절의 순수한 모습으로 돌아가 〈쿠란〉의 가르침대로 살아야 해."

1745년 와하브는 아라비아 반도 무슬림들이 힘을 합쳐 오스만 제국으로부터 이슬람교의 지배권을 되찾고 유럽 문화를 배척하고 원래 이슬람교로 돌아가자고 호소했다. 〈쿠란〉에 따라 술, 담배, 도박, 춤 등을 금지하는 와하브 운동은 아라비아 반도 리야드에서 시작되어 사우드 가문과 동맹을 맺고 아라비아 반도 전체로 퍼져 나갔다.

〈쿠란〉

사우드 가문은 1801년 메카를, 1805년 메디나를 점령하며 사우디아라비아 반도 지역을 장악해 와하브 왕국을 세웠다. 와하브 왕국은 1814년부터 시작된 오스만 제국의 견제로 영토의 대부분을 잃었지만 아라비아 반도에 퍼진 아랍 민족주의는 계속 성장해 오스만 제국에서 벗어나 현재 사우디아리비아 왕국을 세웠다.

>> **1** 다음 지도를 보고 이슬람교 중심 세력의 변화를 순서대로 나열해 보세요.

보기		
셀주크튀르크	아라비아 반도 이슬람 제국	오스만 제국

→

→

» 2 와하브주의와 와하브 왕국에 대해 살펴 봅시다.

1 와하브의 고향은 어디인가요? 지도에서 찾아보세요.

2 와하브는 이슬람 문화권이 유럽 문화권에 뒤처진 원인을 무엇이라 생각했나요?

3 와하브는 순수한 이슬람교로 돌아가기 위해 어떻게 해야 한다고 주장했나요?

4 와하브 왕국은 누가 세웠나요?

5 다음 사진과 지도를 보고 와하브 왕국의 성립 과정을 설명해 보세요

메카 카바

메디나 예언자 무덤

6 와하브 왕국은 현재 어느 나라인가요? 지도에서 찾아보세요. 이 나라의 수도는 어디인가요?

① 이름 : (   )
② 수도 : (   )
③ 면적 : 2,149,690㎢
④ 인구 : 약 2,193만 명
⑤ 종교 : 이슬람교 (100%)

03 이집트의 반식민지 – 수에즈 운하

세계사 여행

이집트는 오스만 제국의 지배에서 벗어나 국가의 힘을 키우기 위해 수에즈 운하를 만듭니다. 수에즈 운하가 이집트에 끼친 영향을 알아봅시다.

무함마드 알리 — 이집트 근대화에 앞장서다!

무함마드 알리

1798년 프랑스는 오스만 제국에 속해 있던 이집트를 공격해 일주일 만에 이집트를 차지했다. 이 때 등장한 무함마드 알리는 전투에서 맹활약한 공으로 1805년 이집트 총독으로 임명되었다. 무함마드 알리는 프랑스의 침입으로 오스만 제국의 힘이 약해지자 이집트를 개혁하기 시작했다. 관개시설을 정비하고 도로와 운하를 건설하여 농업 생산력을 높였다. 이렇게 국가 재정을 확보한 후 유럽식 군복과 무기를 도입하고 이집트 군대에 필요한 군복을 만들기 위해 공장도 만들었다. 무함마드 알리의 근대화 개혁으로 이집트는 크게 발전해 독립국과 다름없는 지위를 누렸다.

수에즈 운하 — 빛과 그림자

수에즈 운하

이집트는 계속된 근대화 개혁을 위한 자금이 필요했다. 1859년 이집트 총독 사이드 파샤는 이집트 근대화를 위해 홍해 수에즈에 지중해와 홍해를 잇는 운하를 만들기로 마음먹었다. 수에즈 운하가 생기면 유럽에서 인도까지 가는 시간이 단축되어 무역항로로 큰돈을 벌 수 있기 때문이다. 이집트는 운하를 만들 비용이 없어 프랑스 레셉스에게 수에즈 운하 건설 특허권을 주었다. 10여 년의 공사 끝에 1869년 세계 최대의 해양 운하인 수에즈 운하가 개통되었다. 이집트는 수에즈 운하를 건설하느라 프랑스에 진 빚을 갚기 위해 주식을 발행했는데, 영국이 주식을 모두 사들여 수에즈 운하의 경영권을 가져갔다. 이후 영국은 수에즈 운하 경영을 핑계로 이집트를 지배하기 시작했다.

1 다음 이집트와 관련된 물음에 알맞은 답을 써 보세요.

① 이집트가 속한 제국 :

② 이집트 대표 도시 :

③ 이집트 종교 :

2 이집트의 근대화 과정을 살펴봅시다.

1 이집트 근대화를 추진한 사람은 누구인가요? 근대화 개혁을 위해 새롭게 받아들인 유럽 문물은 무엇인가요?

2 이집트 카이로에 무함마드 알리 모스크를 지은 이유를 생각해 봅시다.

무함마드 알리는 이집트 독립을 꿈꾸며 이스탄불의 성 소피아 성당에 맞먹는 모스크를 카이로에 짓고자 했다. 오스만 제국 술탄만 가질 수 있는 첨탑 2개가 있는 모스크를. 하지만 완공을 보지 못한 채 죽고 1857년 아들 사이드 파샤가 완성해 무함마드 알리 모스크라 불렀다.

무함마드 알리 모스크(이집트 카이로)

무함마드 알리는 어떤 모스크를 만들고 싶어했나요?

연필 모양의 뾰족한 첨탑 두 개를 찾아보세요.

첨탑을 두 개 세운 이유를 말해 보세요.

3 수에즈 운하는 이집트에 어떤 영향을 주었는지 알아봅시다.

수에즈 운하는 총길이 162.5km로 운하를 통과하는 데 15시간이 걸린다. 영국에서 아프리카 희망봉을 돌아 동남아시아로 가는 길은 약 24,500km이지만, 수에즈 운하를 지나면 이동 거리가 약 14,500km로 줄어든다.

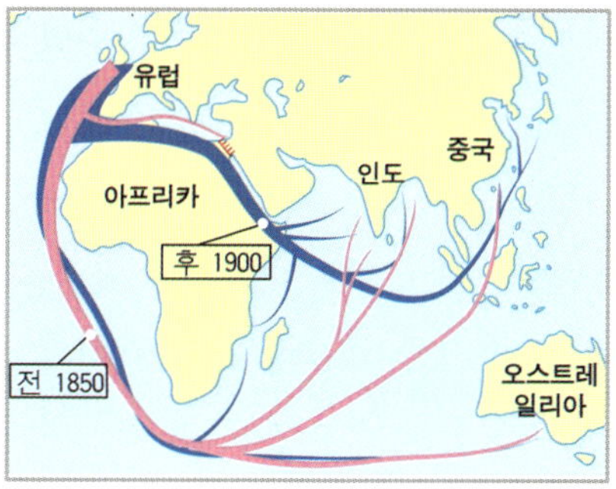

1 지도에서 지중해와 홍해를 찾고 수에즈 운하를 표시하세요.

2 유럽에서 아프리카를 지나 아시아로 가는 항로와 수에즈 운하를 지나는 항로를 표시하세요.

3 수에즈 운하로 유럽~아시아 항로의 이동 거리가 몇 km나 단축되었나요?

4 수에즈 운하의 장점과 단점을 설명해 보세요.

장점

단점

04 아프리카의 수난 – 노예무역

세계사 여행

아프리카 대륙은 유럽의 침탈로 국경선이 달라지고 수백만 아프리카 사람들은 유럽, 아메리카, 아시아의 노예로 팔려 갔습니다.

노예무역 아프리카 사람들이 노예로 팔려 나가다!

1592년 콜럼버스가 대서양을 지나 아메리카 대륙으로 간 사건은 아프리카에도 큰 영향을 끼쳤다. 유럽 사람들은 아메리카 대륙을 차지하고 사탕수수나 담배 농사를 지었다. 아메리카 원주민들이 전염병과 가혹한 노동을 견디지 못하자 유럽 사람들은 강인한 체력을 가진 아프리카 사람들을 붙잡아 와 노예로 일을 부렸다.

15세기부터 시작된 노예무역은 18세기에 절정을 이루고 유럽에서는 노예무역 독점권을 두고 서로 다투었다. 유럽 상인들은 술, 총, 화약, 면직물 등을 주고 교환한 아프리카 흑인 노예들을 아메리카로 데려갔다. 아메리카에서 노예를 판 돈으로 다시 커피, 설탕, 담배를 사 가지고 유럽에서 팔았다.

아프리카 서쪽 노예 해안에서는 매년 47,000명의 노예가 거래되어 300년 동안 15,000만 명에 이르렀다. 유럽의 상인들은 노예선에 흑인 노예들을 태울 때, 한 명이라도 더 데려가기 위해 흑인 노예들의 무릎을 구부린 상태에서 옆으로 눕게 하고 쇠사슬로 목과 발을 묶어 낮은 선반에 2중 3중으로 첩첩이 포개 눕도록 했다. 노예선 안은 쇠사슬에 묶인 채 가지런히 누워 있는 노예들의 배설물로 가득하고, 밑에서는 위에서 떨어지는 오물을 그대로 뒤집어써야 했다. 더운 열기와 악취, 움직이지도 못하는 답답함 속에 세 명 중 한 명은 항해 도중 목숨을 잃었다.

유럽 아프리카 나눠 갖기

19세기 유럽은 아프리카 식민지 쟁탈전을 벌여 라이베리아와 에티오피아를 제외한 아프리카 지역 전체를 유럽 제국주의의 완전한 식민지로 만들었다. 유럽은 아프리카 식민지 땅을 강제로 점령하고 기존의 무역 방식을 없애고 새로운 세금을 부과했다. 아프리카 사람들은 무거운 세금을 내기 위해 처음으로 고무, 설탕, 코코아 농장, 광산, 철도 건설 현장에 취직해 임금 노동자가 되어 비인간적인 노동 환경에서 일했다. 이슬람교와 토착 종교가 강했던 아프리카에 서아프리카를 중심으로 크리스트교가 빠르게 확산되어 동아프리카, 중앙아프리카, 남아프리카의 많은 사람들이 크리스트교를 믿었다.

>> 1 다음 물음에 답하며 아프리카 노예무역을 살펴봅시다.

쿤타킨테 섬과 관련 유적 : 쿤타킨테 섬은 15~20세기까지 감비아 강 유역을 따라 유럽이 아프리카로 진출하면서 만들어 낸 문화의 흔적을 보여 준다. 감비아 강은 아프리카 내륙으로 들어가는 최초의 무역 항로로, 초기 노예무역의 경로이기도 하다. 2011년 노예무역과 관련된 주요 유적으로 판단해 세계 문화유산으로 지정되었다.

쿤타킨테 섬

1 유럽의 상인들이 아프리카 사람들을 노예로 잡아간 이유는 무엇인가요?

2 다음 그림을 보고 아메리카로 끌려가는 노예들의 배 안에서의 생활을 설명해 보세요. 여러분이 아프리카 노예라면 어떤 마음이 들었을까요?

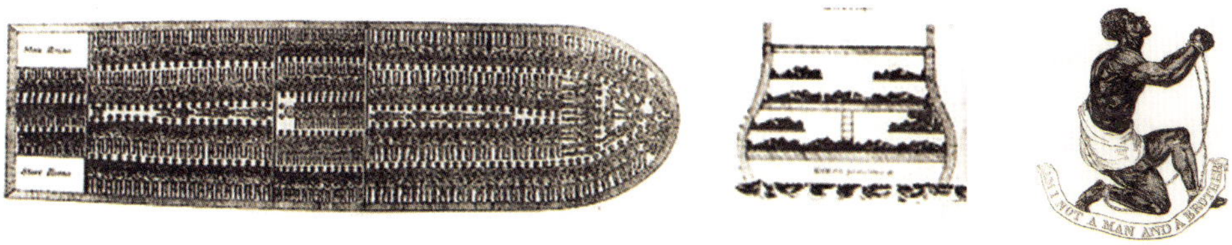

3 유네스코 세계 문화유산으로 지정된 서아프리카 지역은 어디인가요? 왜 세계 문화유산으로 지정되었을까요?

>> 2 다음은 유럽이 나눠 가진 아프리카 지도입니다. 다음 유럽 나라의 식민지와 아프리카 독립국을 지도에서 찾아보세요.

영국 프랑스 독일

포르투갈 에스파냐 이탈리아

벨기에 아프리카 독립국

역사 상상력 업

아프리카 흑인 노예 인터뷰

여러분이 노예무역 상인에게 붙잡혀 아프리카에서 아메리카로 팔려온 흑인 노예라 상상하면서 다음 기자의 질문에 답해 보세요.

유네스코 세계 문화유산으로 지정된 쿤타 킨테 섬은 아프리카 흑인 노예였던 쿤타 킨테의 이름을 따서 지었습니다. 오늘은 쿤타 킨테를 직접 만나 흑인 노예 이야기를 들어 봅시다. 안녕하세요. 자기 소개 부탁드립니다.

나는 아프리카 감비아에서 열일곱 살에 아메리카로 끌려왔어. 백인 주인님은 나를 토비라고 불렀지만, 내 진짜 이름은 쿤타 킨테야.

아프리카에서 아메리카까지 끌려온 이유는 무엇인가요?

그런 이유 때문에 아프리카를 떠나야 했군요. 아프리카에서 아메리카로 오는 데 얼마나 걸렸나요?

아메리카로 가는 쾌속선을 타면

배를 타고 오는 동안 어떤 생활을 했나요?

난 손과 발이

아, 끔찍한 경험이었군요. 인간에게 어떻게 그런 짓을 할 수 있을까요? 마지막으로 그런 일을 저지른 백인들에게 한마디 해 주세요.

3 인도 · 동남아시아 문화권

학습목표

- 인도와 동남아시아가 유럽 제국주의 침략으로 식민지가 되는 과정을 이해한다.
- 유럽 제국주의의 침략으로 세계사에 등장한 오세아니아의 모습을 이해한다.

학습내용

01 영국의 침략 – 영국 동인도 회사
02 인도의 반격 – 세포이 항쟁
03 동남아시아 분할
04 오세아니아 분할

공부하고 지도에 표시하기

01 영국의 침략 – 영국 동인도 회사

영국의 동인도 회사가 인도를 식민지로 만드는 데 어떠한 역할을 했는지 알아봅시다.

아우랑제브 황제

난 타지마할을 세운 샤자한 황제의 아들 아우랑제브야. 할아버지 악바르 대제는 이슬람교와 힌두교의 조화를 추구했지만, 난 힌두교 사원을 이슬람 모스크로 바꾸고 이슬람교도가 아니면 세금을 거뒀어. 또 데칸 고원을 넘어 인도 남쪽을 차지했지. 유럽과 무역이 활발한 남인도를 차지하면서 무굴 제국은 최대 영토와 최고의 전성기를 맞이했어. 하지만 종교 차별 정책으로 각지에서 반란이 일어나 흔들리더니, 1707년 나의 죽음으로 무굴 제국은 힘을 잃기 시작했단다.

로버트 클라이브 총독

난 영국 동인도 회사의 첫 번째 총독인 로버트 클라이브야. 열여덟 살 때 돈을 벌기 위해 인도로 가서 동인도 회사 직원이 되었어. 1600년 세워진 동인도 회사는 영국 자본가들이 운영하는 인도 무역 회사지만 사실은 영국 정부의 보호를 받고 있어 인도에서 많은 돈을 벌 수 있었지. 1757년 벵골 태수와 프랑스는 벵골 지역에서 세력이 커진 영국 동인도 회사를 강제로 쫓아냈어. 난 무굴 제국과 연합해 3천 명의 군대를 이끌고 벵골 플라시에서 프랑스 · 벵골 연합군 7만 명을 상대로 싸웠지. 난 소나기가 자주 오는 플라시 지역의 날씨에 대비해 숲속에 군대를 숨겨 놓았어. 전투 중 내린 소나기는 프랑스 군의 총과 대포를 무용지물로 만들었고 영국한테 승리를 안겨 주었단다. 영국은 플라시 전투 승리로 인도에서 프랑스를 완전히 쫓아내고 동인도 회사는 벵골 지역을 점령해 인도 간접 지배를 시작했어.

1 힌두교와 이슬람교의 조화를 추구한 인도 무굴 제국의 황제들을 살펴봅시다.

아그라 성

타지마할

1. 힌두교 · 이슬람교의 조화를 위한 정책을 시작한 황제는 누구인가요?

2. 힌두교 · 이슬람교의 조화를 보여주는 타지마할을 지은 황제는 누구인가요?

» 2 인도 무굴 제국의 최고 전성기를 지도를 통해 살펴봅시다.

1 다음 지도에서 아우랑제브가 확장한 영역과 무굴 제국의 최대 영역을 표시해 보세요.

2 아우랑제브 황제가 죽은 후 무굴 제국이 분열된 이유는 무엇인가요?

3 다음에서 설명하고 있는 회사 이름은 무엇인가요?

무역 회사이지만 영국으로부터 특권을 받아 필요한 경우 인도의 영토를 정복할 수 있었다. 그 영토 안에서 법을 만들어 재판을 하고, 화폐를 만들어 사용하고, 다른 나라와 조약을 체결하고, 전쟁 준비를 하는 등 작은 정부 역할을 했다.

영국 런던 본사 건물

» 3 로버트 클라이브의 지시에 따라 영국 정부에 보내는 전투 보고서를 완성해 보세요.

영국 정부에 보내는 보고서

❶ **전투 이름 :**
(지도에서 전투가 일어난 지역을 찾아보세요.)

❷ **전투 상대 :**

❸ **승리 요인 :**
(그림 속에 내가 무엇을 하고 있는지 말해 보세요.)

❹ **승리 후 상황 :**
(지도에서 영국이 획득한 지역을 표시해 보세요.)

02 인도의 반격 - 세포이 항쟁

세계사 여행

영국 동인도 회사의 정치적 · 경제적 침략에 대항해 인도인들이 들고일어난 세포이 항쟁에 대해 알아봅시다.

● 세포이 항쟁 최초의 인도 민중 반란

1757년 플라시 전투 이후 영국은 동인도 회사를 통해 인도를 지배했다. 동인도 회사는 인도에서 강제로 면화를 재배해 영국으로 가져가 기계로 대량생산한 면 옷을 다시 인도에 팔았다. 값싼 영국의 면 옷이 밀려들어오자 인도의 섬유 공장들은 문을 닫을 수밖에 없었다. 이렇게 영국은 인도 경제를 파탄내고, 인도 전통 풍습을 금지하고, 영어 사용과 크리스트교 개종을 강요했다.

이러한 영국의 식민 통치에 저항해 1857년 델리 근처의 세포이들이 들고일어났다. 세포이란 동인도 회사에 고용된 인도인 용병을 말하는데, 이들이 사용하는 소총 탄약통에 돼지나 소 기름이 칠해져 있는 것이 문제였다. 이 탄약통을 입으로 물어뜯어 열어야 하는데, 힌두교에서 소는 신성한 동물이고 이슬람교에서 돼지는 부정한 동물로 여겨져 먹으면 안 되는 동물이었다. 세포이들은 인도에 대한 모욕이라며 거세게 항의했지만 무시당했고, 그동안 영국 군인들에게 차별받던 분노가 폭발한 것이다. 영국 침략에 불만을 가진 여러 계층의 인도인들이 참여해 순식간에 인도 북부와 중부로 확산되어 델리를 점령했으나 1859년 영국군에게 진압당했다. 세포이 항쟁을 겪은 후 영국은 1858년 동인도 회사를 없애고 무굴 제국 황제를 쫓아내고 인도를 직접 지배하기로 마음먹었다. 1877년 영국은 인도 제국을 선포하고 빅토리아 여왕을 인도 제국의 황제로 임명했다.

1 다음은 1830년 그려진 무굴 제국 황제와 영국 관리의 행렬도입니다. 무굴 제국 황제와 영국 관리를 찾고 그림의 주인공이 누구인지 말해 보세요.

행렬을 지켜보던 인도 사람들은 어떤 생각을 했을까요?

2 다음 지도를 보고 인도에서 영국령의 땅이 늘어나는 과정을 살펴봅시다.

1. 세포이 항쟁이 일어난 1857년까지 영국령이 된 땅을 찾아보세요.

2. 세포이 항쟁이 일어난 지역을 찾아보세요.

3. 세포이 항쟁의 결과 생겨난 인도 제국의 영역을 찾아보세요.

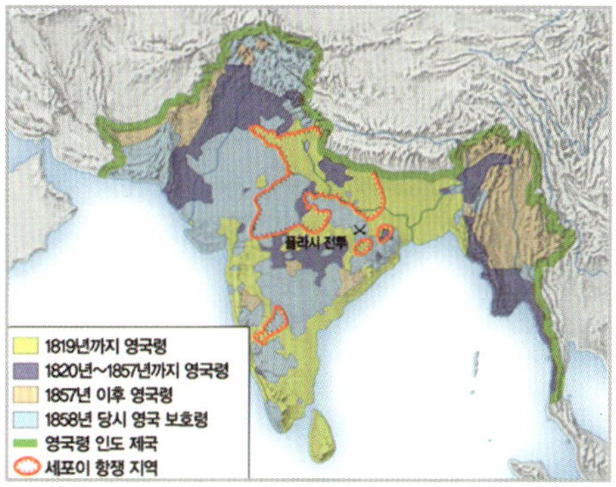

3 세포이 항쟁의 원인과 결과에 대해 살펴봅시다.

1. 세포이란 무엇인가요?

2. 세포이들이 왜 반란을 일으켰는지 다음 낱말을 사용해 설명해 보세요.

군인 힌두교 돼지 이슬람교 소 탄약

3. 세포이 항쟁이 인도 북부와 중부로 확산될 수 있었던 이유는 무엇일까요?

4. 세포이 항쟁 이후 다음 사람들은 어떻게 되었을까요?

대포 앞에 서 있는 세포이 반란군

빅토리아 영국 여왕

무굴 제국 황제

03 동남아시아 분할

19세기 유럽 제국주의 국가들의 침략으로 타이를 제외한 모든 동남아시아 국가들이 유럽과 미국의 식민지로 전락했습니다.

● 동남아시아 모두 유럽의 식민지가 되다

동남아시아는 16세기부터 향신료 무역을 탐내던 유럽의 침략을 받았다. ㉠가장 먼저 포르투갈의 식민지가 된 믈라카 왕국을 시작으로, 19세기에는 타이를 제외한 동남아시아의 모든 국가들이 유럽 제국주의의 식민지가 되었다.

● 타이 독립국을 유지하다

라마 4세

동남아시아에 유럽 제국주의 침략이 한창이던 1824년 타이의 라마 2세는 가장 유력한 다음 왕위 계승자 몽꿋을 출가시켰다. 몽꿋은 승려로 지내며 타이 여러 지역을 여행하면서 다양한 사람들을 만났다. 미국과 프랑스 선교사들을 만나 영어도 배우고 서양의 과학과 수학도 접했다. 몽꿋은 형 라마 3세가 후계자 없이 죽자 귀족들의 추대로 타이의 왕이 되었다.

라마 4세가 된 몽꿋은 주변의 국가들이 영국과 프랑스에 무너지는 것을 보았고, 호시탐탐 타이를 식민지로 삼으려고 기회를 엿보고 있는 영국을 상대해야 했다. 라마 4세는 영국령 홍콩 총독에게 직접 영어로 편지를 썼다. 상대방 말을 사용하는 성의를 보이려고 영어 연습을 많이 해서 방콕을 방문한 홍콩 총독과 영어로 대화해 홍콩 총독의 호감을 샀다. 라마 4세는 나라를 지키기 위해 영국, 프랑스, 독일, 미국, 이탈리아, 벨기에, 덴마크 등과도 불평등한 조약을 맺고 각 부서에 유럽인들을 선생님으로 모셔 새로운 문물을 받아들였다. 라마 4세는 이렇게 제국주의 국가들의 경쟁을 유도해 서로 견제하도록 해서 타이의 독립을 지켜낼 수 있었다.

» **1** 다음 사진과 지도를 보고 믈라카 왕국이 ㉠처럼 가장 먼저 유럽의 식민지가 된 까닭을 설명해 보세요.

2 다음 동남아시아 나라들이 어느 나라의 식민지가 되었는지 지도에서 찾아 써 보세요.

1. 영국령
2. 프랑스령
3. 네덜란드령
4. 에스파냐→미국령
5. 독립국

3 타이가 동남아시아에서 독립을 지켜낼 수 있었던 이유를 살펴봅시다.

1 라마 4세는 27년 동안 승려로 지내며 무엇을 배웠나요?

2 다음은 라마 4세가 타이 펫차부리에 지은 별장입니다. 별장을 통해 알 수 있는 라마 4세의 외교 정책은 무엇인가요?

별장은 유럽 양식과 태국 양식이 뒤섞여 있어요~

3 라마 4세가 영국령 홍콩 총독에게 영어로 편지를 쓰고 영어로 대화를 한 이유는 무엇인가요? 라마 4세의 마음을 상상하며 홍콩 총독에게 보내는 편지를 써 보세요.

나의 은혜로운 친구에게

04 오세아니아 분할

18~19세기 독자적인 문화를 지니고 있던 오세아니아 지역 역시 유럽 제국주의의 침략으로 유럽 제국주의 국가들의 식민지로 갈가리 찢겨졌습니다.

1 오세아니아 대륙은 25000여 개 섬으로 이루어진 대륙으로, 오스트레일리아, 뉴질랜드, 멜라네시아, 미크로네시아, 폴리네시아 5개 지역으로 나눕니다. 5개 지역을 아래 지도에서 찾아보세요.

동남아시아와 오세아니아의 경계가 되는 섬을 찾아 표시해 보세요.

오세아니아를 둘러싼 대양의 이름은 무엇인가요?

오세아니아에서 가장 큰 섬은 어느 섬인가요?

2 오세아니아가 인류의 이동 이후 세계사에 다시 등장하게 된 과정을 살펴봅시다.

전 지구 면적의 3분의 1을 차지하는 남태평양 섬에는 ㉠다양한 문화와 생존 방식을 가진 원주민들이 살고 있었다. 17세기 네덜란드 탐험가들이 처음 오스트레일리아를 탐험하면서 오세아니아는 유럽 지도에 등장했다. 1769년 영국 항해사 제임스 쿡은 오스트레일리아 동부를 영국 땅으로 선포한 후, 영국 정부는 80년 동안 16만 명에 달하는 죄수를 이 곳으로 보내 오스트레일리아 전역을 식민지로 삼았다. 영국인들은 1840년부터 이 땅에 살고 있던 원주민들을 오지로 쫓아내고 양 목축 사업을 적극적으로 벌였다. 1851년 이후 식민지 곳곳에서 황금이 발견되자 이민자 수가 급증하면서 태평양의 다른 섬들도 모두 유럽 제국주의 국가들의 식민지가 되었다.

1 ㉠에서 말하는 다음 문화 유적지가 있는 곳을 옆의 지도에서 찾아보세요.

미크로네시아

석주 유적과 해상도시 난마돌

이스터 섬

해독 불가능한 모아이 석상

2 오세아니아에 가장 먼저 식민지를 세운 나라는? 이 곳에 맨 처음 이주한 사람들은 누구인가요?

3 옆의 지도를 보고 영국, 프랑스, 독일, 네덜란드, 미국의 식민지를 구분해 보세요.

영국 ______________________

프랑스 ______________________

독일 ______________________

네덜란드 ______________________

역사 상상력 업

식민 열차 소개하기

다음 보기를 참고해 제국주의 국가에서 운영하는 식민 열차를 만들어 보세요.

보기

◆ **열차명 :** 포르투갈행 열차
(제국주의 국가 이름을 쓰세요.)

◆ **열차번호 :** 1511
(식민지가 된 연도를 쓰세요.)

◆ **열차구간 :** 동남아시아 믈라카
(식민지를 삼은 지역을 쓰세요.)

◆ **열차구간 정보 :** 믈라카 해협이 있는 곳으로 동서 해양교류의 중심지
(식민지 지역 소개를 쓰세요.)

첫 번째 열차

◆ **열차명 :**

◆ **열차번호 :**

◆ **열차구간 :**

◆ **열차구간 정보 :**

두 번째 열차

◆ **열차명 :**

◆ **열차번호 :**

◆ **열차구간 :**

◆ **열차구간 정보 :**

4 중국 · 동아시아 문화권

학습목표

- 중국이 유럽 제국주의 국가들의 침략으로 몰락해 가는 과정을 이해한다.
- 한국과 일본이 서로 다른 근대화의 길을 걷게 되는 과정을 이해한다.

학습내용

01 중국의 아편 전쟁
02 중국의 민족 운동
03 일본 근대 국가 성립
04 조선 근대화의 길

공부하고 스스로 표시하기

01 중국의 아편 전쟁

아시아의 대제국 청나라가 아편 전쟁으로 무너지고 서양 제국주의 국가들의 반식민지가 되어 가는 과정을 알아봅시다.

• 아편 무역 아편, 중국을 아시아의 병자로 만들다!

만주족의 청나라는 강희, 옹정, 건륭의 세 황제가 다스리는 동안은 안정을 누렸지만, 18세기 들어서는 청나라 정부의 부정부패로 흔들리고 있었다. 하지만 청나라는 비단, 도자기, 차 등을 유럽에 팔아 막대한 부를 유지하며 여전히 자신들이 세상의 중심이라는 의식을 갖고 있었다. 유럽은 청나라가 유럽의 면제품은 사지 않고 유럽의 은만 챙겨 가자 불만이 계속 커져 갔다. 청나라 무역으로 가장 손해를 보던 영국은 경제적 손실을 만회하기 위해 1733년 인도의 아편을 중국에 수출하기 시작했다. 돈 많은 귀족, 관료부터 군인, 농민, 남녀노소를 가리지 않고 아편은 중국 전역으로 퍼져 나갔다. 아편에 빠진 농민은 일을 하지 않아 농촌 경제가 무너지고, 나라를 지켜야 할 군사와 관료의 80%가 아편 중독자가 되었다. 아편 수입량은 1736년 200상자에서 100년 후인 1838년에는 2만 8천 상자로 늘어 중국의 은은 모두 아편을 사느라 은 부족 현상으로 나라 경제가 파탄날 지경이었다. 위기를 느낀 청나라 정부는 임칙서에게 아편 유입을 막는 권한을 주었다.

"오랑캐들에게 앞으로 영원히 아편을 들여오지 않겠다는 약속을 받아내라. 그러지 못하면 황제의 명으로 처형한다."

1839년 임칙서는 아편 무역 금지령을 내리고 영국 상인들의 아편을 빼앗아 소금물에 완전히 녹여 바다로 흘려보냈다. 화가 난 영국 정부는 1840년 의회에서 271 대 262라는 근소한 차이로 중국과의 전쟁을 결정했다. 청나라는 영국의 막강한 해군한테 상대가 되지 못했고, 1842년 8월 29일 일방적인 패배 후 굴욕적인 난징 조약을 맺었다.

>> 1 중국을 다스리던 청나라에 대해 살펴봅시다.

1 청나라의 지배 민족과 피지배 민족을 써 보세요.

지배:

피지배:

2 다음 지도에서 청나라의 수도를 찾고 최대 영역을 표시해 보세요.

>> **2** 영국이 중국에 아편을 판 이유를 말풍선에 쓰고, 아편이 중국 전역에 퍼져 나간 후 중국이 어떻게 되었는지 다음 사진을 보고 설명해 보세요.

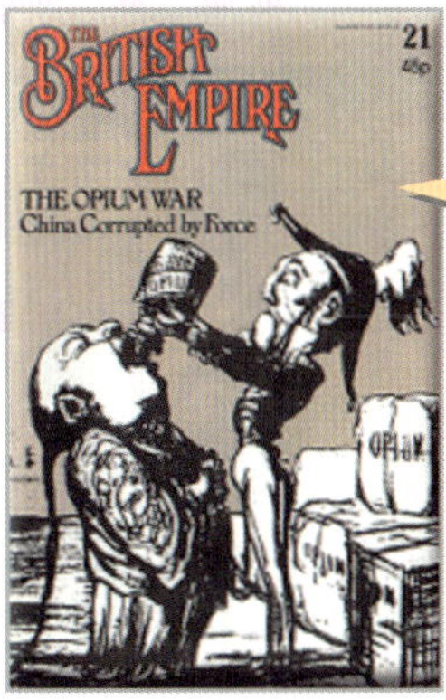

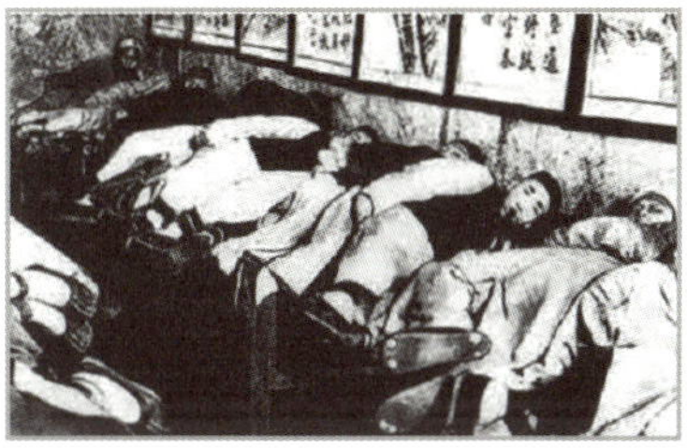
아편굴에 누워 있는 중국 사람들

집에서 아편을 피우는 귀족 부인

>> **3** 청나라 정부가 아편 문제를 어떻게 해결했는지 알아봅시다.

나는 아편 문제를 해결하기 위해 황제에게 특권을 부여받은 __________야. 나는 아편을 팔아 중국 사람들을 죽음으로 몰아가는 __________에게 아편 2만 상자를 빼앗아 석회를 부어 태웠지. 하지만 아편은 그렇게 쉽게 사라지지 않아! 다시 __________에 완전히 녹여 바다로 흘려보냈단다.

>> **4** 청나라의 아편 무역 금지 정책의 결과 발생한 전쟁에 대해 살펴봅시다.

전쟁의 이름은 무엇인가요?
왜 그렇게 부르나요?

전쟁에서 승리한 나라는 누구인가요?

전쟁에서 진 청나라는 어떻게 되었을까요?

02 중국의 민족 운동

세계사 여행

중국은 영국과의 아편 전쟁으로 나라의 문을 연 후, 제국주의 국가들의 침략에 맞서 중국을 지키기 위해 다양한 민족 운동을 전개했습니다.

1 아편 전쟁 패배 후 중국에 몰려든 제국주의 국가들은 빠르게 그 세력을 확장해 갔습니다. 다음 제국주의 국가들의 세력권을 지도에서 찾아 색칠해 보세요.

영국 프랑스 독일 러시아 일본 미국

청나라는 두 번에 걸친 아편 전쟁 패배 후 영국, 프랑스, 독일, 러시아, 일본, 미국 등의 제국주의 국가들한테 철도 부설권과 광산 개발권을 넘겨주어 경제권을 잃었고, 제국주의 국가들은 중국 해안 지역에 중국의 행정과 사법권이 미치지 않는 치외법권 지역을 만들어 세력을 확장해 갔다.

| **치외법권**: 외국인이 현재 거주하는 나라의 법 적용을 받지 않는 권리

2 다음은 제국주의 국가들한테 영토가 분할되는 중국을 그린 그림입니다. 다음 제국주의 국가들이 아시아의 대제국 중국에 대한 생각이 어떻게 변했는지 상상하면서 말풍선에 써 보세요.

>> **3** 제국주의 침략에 맞서 중국 각계각층에서는 다양한 민족 운동이 일어났습니다. 다음 운동을 주장한 세력과 구호를 알맞은 것끼리 연결해 보세요.

운동

태평천국운동(1850~1864)
살기가 힘든 백성들한테 아편 전쟁에 필요한 세금을 거두자, 청나라를 멸망시키고 농민이 잘사는 태평천국을 세우자는 운동

양무운동(1870년대 시작)
태평천국운동 진압 과정에서 유럽 군대의 위력을 실감하고 서양 과학 기술의 우수성을 깨달은 지식인들이 서양의 기술을 배우자는 운동

변법자강운동(1898)
양무운동의 실패와 청일전쟁에서 미개한 섬나라로 무시했던 일본한테 패하자 큰 충격을 받고, 근본적으로 청나라를 개혁하자는 운동

의화단 운동(1899)
제국주의 국가들의 경제 침탈로 민중들의 생활이 어려워지자 서양 세력과 크리스트교에 대한 반감이 생겨 청나라를 도와 서양 귀신들을 물리치자는 운동

추진세력

홍수전과 **농민들**

서태후와 **보수세력**

이홍장과 **신지식인**

캉유웨이와 **관료들**

구호

멸만흥한(滅淸興漢)
청나라를 타도하고, 한족 국가를 세우자!

변법자강(變法自疆)
제도를 개혁하여 스스로 강해지자!

부청멸양(扶淸滅洋)
청 왕조를 도와 서양 오랑캐들을 몰아내자!

중체서용(中體西用)
중국의 사상은 그대로 유지하되, 서양의 기술만 배우자!

03 일본 근대 국가 성립

세계사 여행

일본은 미국의 강요로 나라의 문을 연 후 급속한 근대화의 길을 걸으며 제국주의 국가로 성장해 갔습니다.

일본의 개항 일본 앞바다에 검은 배가 등장하다!

1853년 6월 3일, 일본 수도 에도(현재 도쿄) 우라가 항에 검은 배 4척이 나타났다. 당시 일본은 서양과의 무역을 거부하며 일본 앞바다에 서양배가 나타나면 무력을 사용해 쫓아내고 나가사키 데지마의 네덜란드하고만 교역을 하고 있는 상황이었다.

페리 함대 ▶

"나는 미국 필모어 대통령이 일본과 교역을 원한다는 편지를 들고 온 페리 제독이오."

"우리는 서양 나라들과 교역할 생각이 없으니, 돌아가시오."

"1년 후 다시 올 때까지 나라의 문을 열지 말지 결정하시오."

미국의 페리 제독이 떠난 후 도쿠가와 막부는 고민에 빠졌다. 당시 일본은 태평양에서 중국으로 가는 중간 위치에 있어 제국주의 국가들의 ㉠목표물이 된 상황이었다. 다음 해 다시 온 미국의 페리 제독은 일본의 답변을 촉구했다. 일본은 중국이 아편 전쟁 이후 무너지는 것을 보고 미국과 싸우는 것은 무모하다는 판단을 내렸다. 결국 막부는 미국의 요구를 받아들여 1858년 '미일수호통상조약'을 맺었다. 다섯 개의 항구를 개항하고, 자유 무역을 허용하고, 일본 내 거주 미국인은 미국 법에 따른다는 내용이었다. 이후 네덜란드, 러시아, 영국, 프랑스와도 이러한 내용의 불평등 조약을 맺어 일본은 제국주의 국가들과의 무역이 확대되었다.

1868년 메이지 유신 일본의 근대화

개항 후 외국 물건들이 쏟아져 들어와 일본 경제가 힘들어지고 서양 세력에 굴복한 막부에 대한 불만이 높아지자 1868년 막부는 일본 천황에게 권력을 다시 넘겨주었다. 이로써 일본은 700년에 걸친 무인 정치가 막을 내리고 왕권이 회복되었다. 이후 일본은 서양처럼 변하기 위한 개혁을 실시했다. 신분 제도를 철폐하고 서구식 정치 제도를 도입해 헌법을 제정하고 의회를 개설하고, 근대 교육을 실시해 일본의 근대화 개혁을 이루었다. 이때 천황이 메이지여서 메이지 유신이라고 한다. 이후 일본은 아시아 여러 나라에 대해서는 강압적·침략적 태도로 나와 제국주의 국가의 길을 걷게 된다.

메이지 천황
(재위 1868~1912)

1 미국의 검은 배가 일본에 온 이유를 살펴봅시다.

1 검은 배를 끌고 온 미국 제독의 이름은 무엇인가요?

2 ㉠에서 말하는 목표물이란 무엇을 말하나요? 미국이 일본에게 원하는 것은 무엇인가요?

3 왜 메이지 유신이라고 부르나요? 메이지 유신의 내용은 무엇인가요?

4 페리의 등장 이후 일본이 조약을 맺은 다섯 나라를 옆의 그림에서 찾아보세요.

국기를 보면 알수 있어요

1861년 요코하마에 온 5개국

2 다음 고흐의 '탕키 영감의 초상' 속에서 19세기 유럽에 전달된 일본 풍속화 '우키요에'를 찾아보세요. 유럽은 일본을 어떻게 생각했을까요?

우키요에는 에도 시대에 성립된 화풍으로 사람들의 일상생활과 풍물을 그린 그림이다. 선명한 색과 선의 표현으로 19세기 유럽 인상주의 화가들에게 많은 사랑을 받았다.

후지 산

벚꽃

일본 여인

탕키 영감의 초상

04 조선 근대화의 길

조선은 일본의 강요로 나라의 문을 연 후, 제국주의 국가들의 침략에 맞서 조선을 지키기 위해 다양한 민족 운동을 전개했습니다.

1 다음 사건과 관련된 나라 이름을 쓰면서 조선이 제국주의 국가들의 침략을 받는 과정을 살펴봅시다.

나는 12살의 어린 나이에 왕위에 오른 조선의 **고종 임금**이야. 내가 임금이 되었을 때 조선은 세도 정치와 농민 봉기로 어지러웠지. 밖으로는 중국을 집어삼킨 영국, 프랑스, 미국, 러시아 등이 우리 조선을 호시탐탐 노렸어. 나 대신 나라를 다스리던 아버지 흥선대원군은 조선의 힘을 키우는 것이 우선이라며 통상 수교 거부 정책을 펼쳤지. 하지만 서양의 총과 대포 앞에 나라의 문을 열 수밖에 없었단다.

1866 병인양요 (　　　　)

1871 신미양요 (　　　　)

1876 강화도 조약 (　　　　)

1894 청일전쟁 (　　　　)

2 다음 사건에 알맞은 제목을 붙여 보며 조선이 제국주의 침략에 맞서 근대화를 이루는 과정을 살펴봅시다.

나는 대한제국의 **고종 황제**란다. 제국주의 국가들의 침략에 시달리던 조선은 아시아에서 가장 먼저 근대화를 이룬 일본의 침략까지 받게 되었지. 일본은 조선을 차지하기 위해 나의 아내인 명성황후까지 죽였어. 난 일본이 무서워 러시아 공사관으로 도망갔지만 다시 돌아와 중국 황제나 일본 천황과 같은 황제가 다스리는 대한제국을 선포하고 당당한 독립국임을 세상에 알렸지. 나는 서양 옷을 입고, 철도, 은행을 세우며 근대화를 시작했어.

근대-국민 국가의 형성

각기 고유한 문화를 발전시켜 오던 4개 문화권은 근대에 들어서면서 유럽 문화권의 강력한 성장으로 힘의 균형이 깨졌습니다. 유럽 문화권의 제국주의와 나머지 문화권의 수난을 지도를 통해 설명해 보세요.

1 유럽 문화권

2 이슬람 문화권

3 인도 · 동남아시아 문화권

4 중국 · 동아시아 문화권

세계 여행 계획 세우기

세계사 여행 8호에서 배운 내용을 기초로 세계여행 계획을 세우고,
세계지도에 가고 싶은 곳을 표시해 보세요.

출발~~

▶ 여행 시기 :　　　　년　　　월　　　일

▶ 여행 동반자 :

▶ 여행 준비물 :

▶ 보고 싶은 것 :

RUSSIA
CANADA
U.S.
UNITED STATES
MEXICO
Greenland
ICELAND
PACIFIC OCEAN
ATLANTIC OCEAN
INDIAN OCEAN
Bering Sea
Sea of Okhotsk
Sea of East
Yellow Sea
Arabian Sea
Bay of Bengal
Gulf of Mexico
KAZAKHSTAN
MONGOLIA
CHINA
JAPAN
NORTH KOREA
SOUTH KOREA
INDIA
PAKISTAN
AFGHANISTAN
IRAN
IRAQ
SYRIA
TURKEY
ISRAEL
JORDAN
SAUDI ARABIA
YEMEN
OMAN
UZBEKISTAN
TURKMENISTAN
KYRGYZSTAN
TAJIKISTAN
NEPAL
BHUTAN
BANGLADESH
MIYANMA
LAOS
THAILAND
VIETNAM
CAMBODIA
PHILIPPINES
MALAYSIA
BRUNEI
INDONESIA
PAPUA NEW GUINEA
SOLOMON ISLANDS
SRI LANKA
AUSTRALIA
NEW ZEALAND
HAWAIIAN ISLANDS
NORWAY
SWEDEN
FINLAND
ESTONIA
LATVIA
LITHUANIA
BELARUS
UKRAINE
MOLDOVA
ROMANIA
BULGARIA
GREECE
POLAND
GERMANY
DENMARK
NETHERLANDS
UNITED KINGDOM
IRELAND
FRANCE
SWITZ.
AUSTRIA
HUNGARY
CROATIA
ITALY
SPAIN
PORTUGAL
Moscow
Astana
Black Sea
Mediterranean Sea
MOROCCO
Western Sahara
ALGERIA
TUNISIA
LIBYA
EGYPT
MAURITANIA
MALI
NIGER
CHAD
SUDAN
ERITREA
DJIBOUTI
ETHIOPIA
SOMALIA
SENEGAL
THE GAMBIA
GUINEA-BISSAU
GUINEA
SIERRA LEONE
LIBERIA
CTE D'IVOIRE
BURKINA FASO
GHANA
BENIN
NIGERIA
CAMEROON
CENTRAL AFRICAN REPUBLIC
GABON
REP. OF THE CONGO
DEMOCRATIC REPUBLIC OF THE CONGO
UGANDA
KENYA
RWANDA
BURUNDI
TANZANIA
ANGOLA
ZAMBIA
MALAWI
MOZAMBIQUE
ZIMBABWE
NAMIBIA
BOTSWANA
SOUTH AFRICA
LESOTHO
SWAZILAND
MADAGASCAR
COMOROS
SEYCHELLES
MAURITIUS
THE BAHAMAS
CUBA
JAMAICA
DOMINICAN REPUBLIC
BELIZE
GUATEMALA
HONDURAS
EL SALVADOR
NICARAGUA
COSTA RICA
PANAMA
VENEZUELA
GUYANA
SURINAME
COLOMBIA
ECUADOR
PERU
BRAZIL
BOLIVIA
PARAGUAY
URUGUAY
CHILE
ARGENTINA

MEMO(알림장)

세계사 여행

예시답안

1차시 유럽 문화권 3쪽~

01. 왕의 절대 권력

1. 신항로 개척 이후 무역이 활발해지면서 유럽 상인들이 자신들을 보호해 줄 왕을 지원했기 때문에
2. 화려하게 빛나는 왕 : 빛나는 발레복을 입고 화려하게 춤추는 모습이 태양 같아서 태양왕이라 불렀다. / 왕에게 고개 숙이는 귀족들 : 귀족들이 왕에게 고개 숙일 정도의 절대 권력을 가진 왕을 태양으로 상징해서 태양왕이라 불렀다.
3. 규모 : 베르사유 궁전 조감도와 베르사유 궁전 앙벨로프를 보고 거대한 궁전의 규모를 상상해 본다. / 화려함 : 베르사유 궁전과 거울의 방의 샹들리에를 보면서 그 화려함을 상상해 본다. / 곡선 : 베르사유 궁전, 거울의 방에서 곡선을 찾아본다. / 장식물 : 거울의 방(거울에 반사되는 황금 장식 등), 궁전의 방(그림, 양탄자 등)에서 장식물을 찾아본다.

02. 미국의 탄생

1. 콜럼버스 / 북아메리카 원주민 / 북아메리카 원주민들은 자신들이 살던 땅에서 쫓겨났다.
2. ❶ 대서양
   ❷ 지도에서 영국인들이 자리잡은 13개 주인 뉴햄프셔, 메사추세츠, 로드 아일랜드, 코네티컷, 뉴욕, 뉴저지, 펜실베니아, 메릴랜드, 델러웨이, 버지니아, 노스캐롤라이나, 사우스캐롤라이나, 조지아를 표시하고, 13개 주 너머로 쫓겨난 원주민 땅을 지도에서 찾아 표시해 본다.
   ❸ 장면 : 식민지 사람들이 영국의 세금 정책에 불만을 품고 보스턴 항구에 있던 영국 배에 실려 있던 차 상자를 바다에 버리는 장면 / 기념 이유 : 미국 독립 전쟁의 시작이 되는 사건이기 때문에
3. 지도에서 아메리카 미합중국(미국)과 수도 워싱턴D.C.를 찾아본다. / 빨간색과 흰색 13줄

03. 프랑스 혁명

1. 루이 14세
2. 그림 왼쪽부터 성직자-귀족-평민, 평민은 무거운 짐을 혼자 들고 귀족과 성직자는 구경만 하고 있다. / 평민 / 왕실의 사치스런 생활과 미국 독립 전쟁 지원으로 국고가 텅 비었기 때문에
3. 〈마리 앙투아네트〉 사는 곳 : 베르사유 궁전, 생활 : 파티와 사치스런 생활 / 〈평민들〉 농기구를 들고 있다. 평민들은 빵이 없어 굶어죽거나 거지가 되는데 왕비는 평민이 내는 세금으로 파티와 사치스런 생활을 했기 때문에
4. 자유: 첫 번째 / 평등 : 두 번째 / 박애 : 세 번째

04. 기계의 발명이 낳은 제국주의

1. ❶ 정치 안정, 식민지 시장, 공장, 석탄
   ❷ 기계발명 전 : 물레를 돌려 실을 뽑는다. 베틀에 실을 끼워 손으로 옷감을 짠다. / 기계발명 후 : 기계를 이용해 실을 뽑는다. 기계가 실을 이용해 옷감을 짠다.
2. ❶ 석탄을 많이 사용한다. / ❷ 증기
3. ❶ 기계 발명 전에는 주로 농촌에서 농사를 짓고 자급자족하며 살았지만 기계 발명 후에는 도시의 공장에서 일을 하고 임금을 받는다.
   ❷ 유럽의 식민지가 되었다.

2차시 이슬람 문화권 13쪽~

01. 오스만 제국의 근대 개혁, 탄지마트

1. 신항로 개척, 산업 혁명
2. ❶ 교육 : 유럽 학교 제도 도입 / 법 : 프랑스 근대 법 / 의복 : 유럽식 복장과 페즈
   ❷ 장식은 없지만 견고한 톱카프 궁전 → 화려한 유럽 바로크식 돌마바흐체 궁전 / 아라베스크 무늬로 장식된 좌식 생활을 하던 여인들의 방 → 화려한 샹들리에가 달린 유럽식 응접실 / 이슬람 전통 복장과 천을 친친 감은 터번을 쓰고 칼을 찬 병사 → 유럽식 군복과 깔끔한 모자 페즈를 쓰고 총을 든 신식 부대
3. ❶ 지도에서 오스만 제국의 최대 영역을 표시해 본다.
   ❷ 소아시아 지역으로 축소된 영토를 표시해 본다.

02. 이슬람교 전통 회복, 와하브 운동

1. 아라비아 반도 이슬람 제국 → 셀주크튀르크 → 오스만 제국
2. ❶ 아라비아 반도 / ❷ 오스만 제국의 지배를 받으며 이슬람교가 본래 순수한 종교 모습을 잃었기 때문에
   ❸ 〈쿠란〉의 가르침대로 살아야 한다. ❹ 사우디 가문
   ❺ 이슬람 성지 메카와 메디나를 점령하고 사우디아라비아 반도 지역을 장악해 와하브 왕국을 세웠다.
   ❻ 사우디아라비아, 리야드

03. 이집트의 반식민지 - 수에즈 운하

1. ① 오스만 제국 ② 카이로 ③ 이슬람교
2. ❶ 무함마드 알리 / 유럽식 군복과 무기, 공장
   ❷ 오스만 제국으로부터 독립을 꿈꾸며 이스탄불의 성 소피아 성당에 맞먹는 모스크를 짓고 싶어했다 / 무함마드 알리 모스크 뒤편 두 개의 첨탑을 찾아본다. / 오스만 제국 술탄만이 모스크에 첨탑을 두 개 세울 수 있기 때문에 첨탑을 두 개 세워 자신이 오스만 제국 술탄과 같은 존재라는 것을 보여 주기 위해서
3. ❶ 지도에서 유럽과 아프리카 사이 지중해와 아프리카와 아라비아 반도 사이 홍해를 찾아본다. / 지중해와 홍해가 만나는 곳에 있는 수에즈 운하를 표시해 본다.
   ❷ 지도에 유럽에서 아프리카를 지나 아시아로 가는 항로와 수에즈 운하를 지나는 항로를 표시해 본다.
   ❸ 10000km
   ❹ 장점 : 유럽에서 아시아로 가는 시간을 단축시킨 무역 항로로 큰돈을 벌 수 있다. / 단점 : 운하를 탐내는 제국주의 국가들의 식민지가 될 가능성이 높다.

04. 아프리카의 수난 - 노예무역

1. ❶ 강인한 체력을 가진 아프리카 사람들을 유럽으로 데려가 사탕수수나 담배 농사를 시키기 위해서
   ❷ 쇠사슬로 몸과 발이 묶인 채 낮은 선반에 2중 3중으로 첩첩이 포개져 오물을 뒤집어쓴 채 더운 열기와 악취 속에 누워 있어야 했다. / 아프리카 흑인 노예 생활을 생각해 보며 자유롭게 말해 본다.
   ❸ 서아프리카 감비아 강 유역의 쿤타킨테 섬 / 유럽의 노예무역 흔적이 남아 있기 곳이기 때문에
2. 영국 : 이집트, 수단, 우간다, 케냐, 나이지리아, 골드 코스코, 감비아, 시에라리온, 로디지아, 트란스발, 남아프리카 연방, 지부티 / 프랑스 : 튀니지, 알제리, 모로코, 프랑스령 콩고, 마다가스카르, 지부티 / 독일 : 토고, 카메룬, 동아프리카, 남서 아프리카 / 포르투갈 : 기니, 앙골라, 모잠비크 / 에스파냐 : 오데오르 / 이탈리아 : 소말리아, 에리트레아 / 벨기에 : 벨기에령 콩고 / 아프리카 독립국 : 라이베리아, 에티오피아

예시답안

3차시 인도 · 동남아시아 문화권 23쪽~

01. 영국의 침략, 영국 동인도 회사

1. ❶ 악바르 대제 / ❷ 샤자한 황제
2. ❶ 지도에서 아우랑제브 황제가 확장한 영역과 무굴 제국 최대 영역을 표시해 본다.
   ❷ 아우랑제브 황제가 힌두교 사원을 이슬람 모스크로 바꾸고 이슬람교도가 아니면 세금을 거두는 등 종교 차별 정책을 펼쳤기 때문에
   ❸ 영국 동인도 회사
3. ❶ 플라시 전투 / ❷ 프랑스와 벵골 연합군
   ❸ 클라이브 총독이 소나기가 잘 내리는 플라시 전투의 지역적 특성을 알고 미리 대비했기 때문에
   ❹ 지도에서 플라시, 캘커타 주변을 표시해 본다.

02. 인도의 반격, 세포이 항쟁

1. 그림 중앙에 말을 탄 영국 관리와 오른쪽 코끼리를 탄 무굴 제국 황제를 찾아본다. / 자유롭게 자신의 생각을 말해 본다. 예) 황제보다 영국 관리가 더 황제 같구나.
2. ❶ 지도에서 1820~1857년까지 영국령을 찾아본다.
   ❷ 지도에서 세포이 항쟁 지역을 찾아본다.
   ❸ 지도에서 영국령 인도 제국을 찾아본다.
3. ❶ 동인도 회사에 고용된 인도인 용병
   ❷ 영국 동인도 회사에 고용된 인도 군인 세포이들은 이슬람교나 힌두교를 믿는데, 돼지나 소 기름이 칠해진 소총 탄약통을 지급받았기 때문에
   ❸ 영국 침략에 불만을 가진 여러 계층의 인도인들이 참여했기 때문에
   ❹ 세포이 반란군 : 영국군에 진압되어 사형에 처해졌다. / 빅토리아 영국 여왕 : 인도 제국의 황제가 되었다. / 무굴 제국 황제 : 인도에서 쫓겨나고 무굴 제국은 멸망했다.

03. 동남아시아 분할

1. 동남아시아 향신료 무역의 중심지로 많은 부를 얻을 수 있는 곳이었기 때문에
2. ❶ 영국령 : 미얀마, 말이 연방, 북보르네오
   ❷ 프랑스령 : 베트남
   ❸ 네덜란드령 : 수마트라, 보르네오, 술라웨시, 말루쿠 제도, 자와
   ❹ 에스파냐 → 미국령 : 필리핀 / ❺ 타이
3. ❶ 여러 지역을 여행하며 다양한 사람들을 만나고 미국과 프랑스 선교사들에게 영어와 서양 과학과 수학을 배웠다.
   ❷ 영국, 프랑스, 독일, 미국, 이탈리아, 벨기에, 덴마크 등과 조약을 맺고 유럽인들을 선생님으로 모셔 새로운 문물을 받아들이는 정책으로 제국주의 국가들끼리 서로 견제하도록 했다.
   ❸ 상대의 말을 사용하는 성의를 보여 주어 호감을 사기 위해서 / 자유롭게 자신의 생각을 써 본다.

04. 오세아니아 분할

1. 아래 지도에서 찾아본다. / 피푸아뉴기니 / 태평양 / 오스트레일리아
2. ❶ 옆의 지도에서 미크로네시아를 찾아본다. / 옆의 지도에서 오세아니아 가장 동쪽 이스터 섬을 찾아본다.
   ❷ 영국, 죄수들
   ❸ 영국 : 오스트레일리아, 태즈메이니아 섬, 파푸아, 솔로몬 제도, 길버트 제도, 피닉스 제도, 크리스마스 제도, 통가 제도, 뉴 칼레도니아 제도 / 프랑스 : 뉴질랜드, 사모아 제도, 타히티, 마르케사스 제도, 투아모트 제도, 투부아이 제도 / 독일 : 마샬 제도, 비스마르크 제도 / 네덜란드: 마리아나 제도, 카롤링거 제도, 파라오 제도 / 미국 : 미드웨이 제도, 하와이 제도, 팔미라 제도, 투투일라 제도

4차시 중국 · 동아시아 문화권 33쪽~

01. 아편, 중국을 삼키다

1. ❶ 지배 : 만주족 / 피지배 : 한족
   ❷ 지도에서 청나라 수도 베이징을 찾고, 최대 영역을 표시해 본다.
2. 영국은 청나라 무역에서 손해본 것을 만회하려고 중국에 아편을 팔았다. / 귀족, 관료, 군인, 농민 등 남녀노소 가리지 않고 아편에 빠져 중국 경제가 파탄났다.
3. 임칙서 / 영국 상인들 / 소금물
4. 아편 전쟁, 아편 때문에 일어난 전쟁이어서 / 영국 / 다음에 나올 내용을 미리 상상해 본다.

02. 중국의 민족 운동

1. 지도에서 각 나라들의 세력권을 찾아본다.
2. 자유롭게 상상해 말해 본다. 예) 영국 : 넓은 중국 땅은 이제 주인이 없어. 다 내가 가져가야지. / 프랑스 : 중국의 낡은 무기는 전혀 두렵지 않아. / 독일 : 중국은 발톱을 세우는 용이지만 그 발톱으로 개미 한 마리 잡지 못해. / 러시아 : 중국은 이제 아시아의 종이호랑이일 뿐이야. / 일본 : 수천 년 동안 세계의 중심인 중국이 정말 형편없군.
3. 태평천국운동 –홍수전과 농민들 – 멸만흥한(청나라를 타도하고, 한족 국가를 세우자!) / 양무운동 – 이홍장과 신지식인 – 중체서용(중국의 사상은 그대로 유지하되, 서양의 기술만 배우자!) / 변법자강운동 – 캉유웨이와 관료들 – 변법자강(제도를 개혁하여 스스로 강해지자!) / 의화단 운동 – 서태후와 보수 세력 – 부청멸양(청 왕조를 도와 서양 오랑캐들을 몰아내자!)

03. 일본 근대 국가 성립

1. ❶ 페리 ❷ 식민지 / 중국으로 가는 중간 항구
   ❸ 당시 천황 이름이 메이지여서, 신분 제도를 철폐하고 서구식 정치 제도와 근대 교육을 단행한다.
   ❹ (지도 위 왼쪽부터 시계 방향으로) 프랑스, 네덜란드, 러시아, 미국, 영국
2. 탕키 영감의 초상 위 왼쪽 후지산, 오른쪽 벚꽃, 아래 왼쪽 일본 여인을 찾아본다. / 일본 문화를 좋아한다.

04. 조선 근대화의 길

1. 병인양요 : 프랑스 / 신미양요 : 미국 / 강화도 조약 : 일본 / 청일전쟁 : 일본, 중국
2. 사진을 보고 자유롭게 제목을 붙여본다. 예) 임오군란 : 구식 병사들이 난을 일으키다. / 갑신정변 : 신지식인들이 근대화를 주도하다./ 동학농민운동 : 농민들이 항거하다. / 갑오개혁 : 단발령이 시행되다. / 독립협회 : 독립의 의지를 상징하는 문을 세우다. / 대한제국 : 전차가 조선에 들어오다.